AF343929

NOTICE BIOGRAPHIQUE

DE

M. JULES-XAVIER

SAGUEZ DE BREUVERY

ANCIEN MAIRE DE ST-GERMAIN-EN-LAYE

ANCIEN CONSEILLER GÉNÉRAL DE SEINE-ET-OISE

Nul n'a le droit de se reposer tant
que son travail peut être utile aux
autres.

J.-X. DE BREUVERY.

CAEN

TYPOGRAPHIE DE F. LE BLANC-HARDEL

Rue Froide, 2 & 4

—

1879

NOTICE BIOGRAPHIQUE

DE

M. JULES-XAVIER

SAGUEZ DE BREUVERY

ANCIEN MAIRE DE ST-GERMAIN-EN-LAYE

ANCIEN CONSEILLER GÉNÉRAL DE SEINE-ET-OISE

———❖———

Il est des existences qui, lorsqu'elles s'éteignent, laissent après elles un vide d'autant plus sensible qu'elles ont été mieux remplies et plus utiles à leur pays.

Cette pensée s'imposait d'elle-même en quelque sorte à l'esprit de ceux qui, le 1ᵉʳ août 1876, assistaient, le cœur serré, aux obsèques de l'éminent administrateur dont nous essayons d'esquisser la vie et de rappeler les services rendus à ses concitoyens reconnaissants.

Il n'est pas, en vérité, de vie plus digne d'éloges ; mais La Bruyère l'a dit : « Amas d'épithètes, mauvaises louanges ; « ce sont les faits qui louent et la ma- « nière de les raconter. » Cette réflexion du grand moraliste sera notre programme, d'autant plus facile à suivre que le meilleur éloge que nous puissions faire de M. de Breuvery, cinq fois maire de St-Germain-en-Laye et conseiller général de Seine-et-Oise durant vingt-six ans, sera, en racontant les faits qui ont marqué les diverses étapes de sa longue carrière si pleine et si digne, d'imiter cette sobriété et cette simplicité de bon aloi qui donnaient tant de relief à tout ce qu'il faisait, avec un désintéressement vraiment chevaleresque.

Aussi noble de cœur que de race, doué d'une vive intelligence et d'une rare énergie physique et morale, plein de résolution, M. de Breuvery savait vouloir, et il voulait être utile ; ce fut là le grand mobile de toutes ses actions. Il dépensa l'ardeur de sa jeunesse à voyager pour s'instruire, et toute la virilité de l'âge mûr à être utile à son pays, et notamment à sa chère ville de St-Germain, dont il fut l'administrateur passionnément dévoué pendant trente-cinq ans.

La simple nomenclature, année par année, des services rendus à son pays sera donc aussi le plus digne hommage à rendre à sa mémoire et aussi le meilleur stimulant pour inspirer à de nobles cœurs le généreux désir d'imiter un tel modèle d'absolu dévouement à la chose publique.

Né à Soissons, le 19 avril 1805, M. Jules-Xavier Saguez de Breuvery descendait d'une des plus vieilles familles de la Champagne, dont l'ancienne noblesse est attestée par des chartes de Philippe-Auguste. Originaires de Breuvery, village de la Généralité et de l'Élection de Châlons (1), les Saguez étaient, dès le XIIIᵉ siècle, seigneurs d'une portion des territoires de Breuvery et de Moncetz (2); au XVIᵉ siècle, ils habitaient le domaine et le château de Villers-aux-Corneilles; au XVIIIᵉ siècle, Pierre-Louis Saguez, écuyer, seigneur de Breuvery, de Moncetz et de Villers-aux-Corneilles, figure comme échevin de Châlons-sur-Marne en 1767 et comme maire-

(1) Aujourd'hui commune du canton d'Écury-sur-Coole, arrondissement de Châlons (Marne).

(2) Aujourd'hui commune du canton de Marson, arrondissement de Châlons (Marne).

royal en 1777 (1). — Son fils, Pierre-Madelaine Saguez, écuyer, dit le *Chevalier de Breuvery,* s'était fixé à Soissons, où il épousa, en 1791, Marie-Anne-Julie Godard de Vingré ; mais, lors des événements de 1814 , les Prussiens s'étant servis de sa maison, dite du Vert-Bois, comme d'un abri d'où ils pouvaient décimer impunément nos canonniers des remparts, le commandant Gérard, dans une sortie, culbuta les Prussiens et incendia le faubourg St-Christophe et la maison de M. Saguez de Breuvery, qui se retira à St-Germain-en-Laye, où il s'établit définitivement, après un voyage et un séjour de deux années en Suisse (2).

(1) Ed. de Barthélemy, *Hist. de Châlons,* p. 313. — Aug. Nicaise, *Châlons et ses environs,* p. 122.

(2) La famille Saguez de Breuvery habitait Soissons sous le premier Empire. En 1814, le 21 mars, cette ville fut investie par le général prussien Bulow, qui

C'est durant ce séjour, de 1815 à 1817, en Suisse, que le chevalier de Breuvery confia l'éducation de son fils Jules-Xavier au célèbre professeur Pestalozzi, dont l'Institut pédagogique avait été transféré de Neuhof à Stanz, puis à Yverdun. —

envoya un parlementaire au commandant de place. — « Dites à votre chef, répondit le commandant Gérard, que je ne veux correspondre avec lui qu'à coups de canon ! » — Bulow, irrité, ordonna le bombardement immédiat. — Dans la nuit du 22 au 23 mars 1814, le commandant Gérard fit une brusque sortie à la tête des soldats de la jeune Garde, culbuta les Prussiens, détruisit leurs ouvrages et mit le feu au faubourg St-Christophe et à la maison de M. de Breuvery, connue sous le nom de *Vert-Bois*, où les ennemis s'étaient logés, et qui leur servait d'abri « tellement, — dit un témoin oculaire, — que, de l'intérieur des maisons, les Prussiens pouvaient facilement tuer les canonniers des remparts sur leurs pièces. » (Mss. de P.-C. Brayer.) Les malheureux habitants du faubourg n'eurent pas le temps de sauver leur mobilier, tout fut brûlé. M. de Breuvery avait recueilli de précieux débris de l'abbaye de St-Médard, entre autres le bas-relief romain qui a été gravé dans les *Anti-*

L'élève était digne d'un tel maître, qui s'attachait à l'éducation morale plus encore qu'à l'instruction, cherchant à préparer des hommes en formant des esprits solides. Pestalozzi voulait que l'écolier se rendît nettement compte du but et de l'application de ce qu'on lui enseignait. Il faisait marcher de front les langues anciennes et les langues vivantes, le calcul, la géométrie, l'industrie et l'agriculture, et amenait ainsi l'élève à bien comprendre le pourquoi de ce qu'il apprenait.

Une aussi excellente méthode ne de-

quités de Caylus; les flammes détruisirent ce que le canon avait épargné. (Appendice à l'*Histoire de Soissons* de Henri Martin, t. II, p. 63.)

C'est après la destruction de leur maison de Soissons, qui ne présentait plus qu'un amas de ruines fumantes, que la famille Saguez de Breuvery quitta définitivement cette ville que la guerre venait de détruire, pour se retirer à St-Germain-en-Laye.

vait produire que d'heureux résultats pour l'instruction et l'éducation du jeune Jules-Xavier, qui sut en profiter; aussi est-ce avec succès qu'il passa à Orléans ses examens d'admission à l'École polytechnique. Il y fut reçu à dix-sept ans. Mais son esprit d'indépendance et ses goûts artistiques et littéraires le déterminèrent à n'y point entrer pour conserver sa complète liberté d'action.

Doué d'un caractère sérieux, M. de Breuvery, à peine âgé de vingt ans, s'honorait déjà du titre de membre de la Société d'Encouragement pour l'Industrie nationale, titre auquel il joignit, en 1826, celui de membre de la Société pour l'Instruction élémentaire.

Dédaignant les loisirs d'une oisiveté incompatible avec l'activité de son ardente et riche nature, il prend résolûment le bâton du voyageur et le léger bagage de l'artiste, et accomplit seul, à pied, une excursion à travers la Bretagne et la Normandie.

L'année suivante, il agrandit son champ d'exploration en visitant avec sa mère, devenue veuve (1), l'Italie et la Sicile.

Ce n'étaient là que les préludes de voyages bien autrement importants que M. de Breuvery entreprit en 1829, en choisissant, d'abord à titre d'interprète, M. de Cadalvène qu'il honorait de sa confiance et dont il fit plus tard son collaborateur; il se rendit en Orient, parcourut successivement le Péloponèse, les îles de l'Archipel et les côtes de l'Asie-Mineure. Passant en Égypte, il remonta le Nil, au

____

(1) M. Pierre-Madelaine Saguez, dit le chevalier de Breuvery, mourut à Chartres, le 24 août 1826.

mépris des périls de tout genre, aussi loin qu'il était possible de le faire à cette époque, c'est-à-dire jusqu'à Dongolah, en Nubie. Il revint ensuite en Asie par la Syrie, la Palestine et le Liban, visita Jérusalem, où il reçut la croix du Saint-Sépulcre pour avoir délivré deux moines, retenus comme otages dans les montagnes près d'Antioche. De Damas il s'avança dans le désert jusqu'aux ruines de Palmyre, resta quelque temps à Constantinople et revint en France en 1831.

Son séjour à St-Germain-en-Laye ne dura pas longtemps, et cependant ses capacités avaient été suffisamment appréciées, puisqu'en 1833 il fut nommé membre du Comité supérieur d'Instruction primaire de cette ville, membre de l'Institut archéologique de Rome et membre de la Société de Géographie.

Depuis cette date jusqu'à la fin de sa carrière, il fit partie, à différents titres, de tous les Conseils d'instruction publique de Seine-et-Oise. Son dévouement à la cause de l'instruction lui mérita plus tard, en 1868, les palmes d'officier d'Académie, distinction que l'on ne prodigue pas, surtout à qui n'appartient pas au corps enseignant.

Sur la fin de 1833, M. de Breuvery entreprend un second voyage en Orient, en se rendant à Constantinople par l'Allemagne, l'Autriche et le Danube.

Ces excursions lointaines, ces voyages, ces explorations dans des contrées, alors peu connues, lui fournirent de nombreuses occasions de prouver ses talents d'artiste et son érudition d'archéologue; ses dessins, les cartes qu'il a tracées, les armes, les stèles funéraires, les costumes et débris d'antiquités qu'il rapporta de ces pays éloignés, constituent un véritable musée particulier que la famille conserve religieusement (1). Citons, entre autres pièces intéressantes, une des cariatides en marbre blanc, découverte par M. de Breuvery à Boudroum (ancienne Halicarnasse) et provenant, suppose-t-on, du tombeau du roi Mausole (2).

Les grandes questions politiques n'intéressaient pas moins M. de Breuvery que les questions scientifiques ou artis-

(1) Il est à désirer que, dans aucun cas, ce musée particulier ne soit jamais dispersé et puisse conserver le nom de son auteur.

(2) Cette cariatide, un des chefs-d'œuvre de l'art antique, a été demandée à la famille de Breuvery par M. de Longperrier, membre de l'Institut, directeur des sections historiques de l'art ancien et ami de M. de Breuvery, pour l'Exposition universelle de 1878, où elle figurait dans la section de l'art ancien, installée dans l'aile gauche du Palais du Trocadéro.

tiques, et il les traitait avec une justesse
d'appréciation, une maturité d'esprit à laquelle n'avait pas peu contribué l'expérience des hommes et des choses acquise
dans ses courses à travers le monde.

Il publia en 1834 un opuscule intitulé :

« *De la Question turque et des empiéte-
ments de la Russie.* »

A cette époque, M. de Breuvery venait
de terminer son second voyage en Orient;
il avait étudié les mœurs et les institutions politiques du peuple Ottoman, et il
pensait, avec presque tous les publicistes
et beaucoup d'hommes d'État, que la con-
servation intégrale de l'Empire Ottoman
était nécessaire au maintien de l'équilibre
européen. Il terminait son Mémoire par
un pressant appel à la France et à l'An-
gleterre en faveur de l'Empire Ottoman,
que la Russie, victorieuse, songeait de

longue date à faire disparaître de l'Europe.

Ce n'est pas sans intérêt que l'on relit ces pages écrites en 1834 , aujourd'hui que la question d'Orient, plus grave encore que jamais, préoccupe à juste titre les esprits que ne rassure pas le résultat du Congrès de Berlin.

Ajoutons que cette brochure produisit à Constantinople une impression qui valut à son jeune auteur les critiques et les éloges des publicistes, du monde politique et de la diplomatie.

M. de Breuvery compléta ce travail par une série d'articles publiés dans le *Sémaphore de Marseille* sous ce titre :

« *De la marche suivie par les institutions et les mœurs Turques jusqu'à nos jours.* »

M. Jules-Xavier Saguez de Breuvery

se maria le 18 août 1834 ; il épousa, à Compiégne, Mademoiselle Zélie-Julie-Louise, fille de M. Le Clément, baron de Taintegnies, et se fixa définitivement à St-Germain-en-Laye, où son activité le porta à s'occuper des affaires administratives de la ville ; il fut élu la même année membre du conseil municipal et nommé maire en 1835. Il avait alors trente ans (1).

Les charges que les fonctions de maire imposaient à M. de Breuvery ne suffisaient pas à son tempérament actif et laborieux. En 1838, il entreprend un voyage en An-

(1) ·M. de Breuvery remplit, à St-Germain-en-Laye, les fonctions de maire pendant 19 ans :

1° Du 14 novembre 1835 à 1837 ;

2° Du 27 juin 1837 au 11 juillet 1839 ;

3° Du 17 septembre 1855 au 14 février 1856 (par intérim).

4° Du 14 février 1856 à 1865 ;

5° Du 2 septembre 1865 au 15 septembre 1870.

2

gleterre, et, en 1840, il parcourt une partie de l'Allemagne, afin d'étudier sur place
le fonctionnement des systèmes politiques
et commerciaux de ces deux nations.

En 1840, ses concitoyens, appréciant
son zèle et sa fermeté, l'élurent chef de
bataillon de la garde nationale de St-
Germain-en-Laye.

Pendant la période de 1841 à 1845, nous
le voyons mêlé, à différents titres, aux
débats que souleva la reconstruction de
l'église paroissiale de St-Germain ; il avait
accepté, en 1843, la mission de repré-
senter l'administration municipale dans le
procès intenté par la ville aux architectes,
chargés de ce monument, lutte fort longue
dont il sortit victorieux, grâce à sa pru-
dence et à sa résolution.

Tous les travaux auxquels M. de Breu-

very prenait part ne lui faisaient pas ou-
blier ses pérégrinations en Orient; ses
esquisses, ses dessins et ses notes de
voyages lui rappelaient ses périlleuses
excursions dans la région du Haut-Nil;
cédant enfin aux sollicitations de ses nombreux amis, il réunit ces documents, et,
dès l'année 1841, il avait publié, en colla-
boration avec M. de Cadalvêne, son com-
pagnon de voyage, un bon ouvrage en
deux volumes in-8° ayant pour titre :
« *L'Égypte et la Nubie,* » vraiment remarquable par la clarté du style, la vivacité
des récits et la netteté des descriptions
qui rendent la lecture de ce livre aussi
attrayante qu'instructive.

Comme nous le disions plus haut,
M. de Breuvery ne voyageait pas simple-
ment en touriste; en parcourant son livre
sur l'Égypte et la Nubie, on est frappé de

la justesse de ses appréciations politiques et aussi de l'étendue comme de la profondeur de ses connaissances ethnographiques et philologiques, qui le firent désigner comme membre de la Société orientale en 1843.

Toujours dévoué aux intérêts de son pays, il accepta, en 1845, les fonctions de membre du Conseil d'arrondissement de Versailles pour le canton de St-Germain-en-Laye.

Les événements de février 1848 trouvèrent M. de Breuvery à son poste, prêt à servir la cause de l'ordre gravement menacée; son caractère à la fois ferme et modéré lui inspira la généreuse résolution de tenter des efforts sinon pour arrêter, du moins pour diriger un mouvement dont il redoutait la violence. Aussi, sans enthousiasme comme sans feinte modestie, accepta-t-il virilement la responsabilité de la charge de sous-commissaire du gouvernement provisoire. Ceux de ses concitoyens, qui le virent à l'œuvre pendant cette période de crise, savent combien la ville de St-Germain eut à se louer d'avoir été administrée par un homme aussi prudent et aussi énergique. C'est grâce à son autorité et à son courage que la gare et le pont du chemin de fer de Maisons-sur-Seine échappèrent au vandalisme des révolutionnaires de 1848, qui venaient de détruire les ponts d'Asnières et de Bezons.

La même année, les électeurs du canton de St-Germain, faisant pour la première fois l'application du suffrage universel, l'appelèrent aux fonctions de conseiller général, mandat qui lui fut re-

nouvelé sans interruption durant vingt-
six ans, c'est-à-dire jusqu'en 1874.

Ce fut encore dans cette même année
1848 qu'il publia son « voyage de Damas
à Palmyre » ; car son activité intellectuelle
trouvait temps pour suffire à tous ses
devoirs de citoyen et d'écrivain.

En 1849, le sort le désigna pour siéger
en qualité de juré à la Haute-Cour de justice de Bourges.

En 1850, M. de Breuvery publia, sous
le titre de :

« *Mémoire sur le commerce extérieur
de la France,* » un résumé substantiel de
ses études approfondies sur la distribution
des produits de l'industrie française. Parmi
les idées neuves et d'une utilité pratique,
émises dans cet opuscule, figure le projet
patriotique de la création, avec le con-

cours du Gouvernement, d'une Société pour l'établissement de factoreries françaises sur tous les points du globe, où les échanges paraîtraient suffisamment avantageux pour le commerce international.

En 1852, M. de Breuvery fut nommé président de la commission cantonale de statistique de Saint-Germain-en-Laye et membre de la Société d'agriculture et des arts de Seine-et-Oise, dont il dirigea les travaux comme président pendant l'année 1858.

Depuis 1847, à la suite d'une crue désastreuse de la Seine, la commune d'Achères, d'après les conseils de M. de Breuvery, avait entrepris la construction d'une *digue* pour mettre son territoire à l'abri des inondations. Grâce à la direc-

tion à la fois généreuse et savante de
M. de Breuvery, la commune d'Achères
voyait, èn 1853, son œuvre presque achevée, et l'activité avec laquelle avaient été
poussés les travaux d'endiguement valait
à son principal auteur une médaille d'or
que lui décerna le Comice agricole de
Seine-et-Oise en 1855. La digue d'Achères
était achevée, et, le 23 septembre 1855,
dans une cérémonie présidée par M. le
comte de Saint-Marsault, préfet du dépar-
tement, fut inaugurée une colonne com-
mémorativè, surmontée d'un chapiteau bi-
zantin, supportant une croix grecque due
au ciseau de M. de Breuvery lui-même.
Sur l'une des faces du piédestal est inscrit le nom de :

DE BREUVERY

Directeur du Syndicat de la Digue.

La direction, pendant plusieurs années,
d'une œuvre aussi avantageuse à la commune d'Achères, n'avait pas absorbé
M. de Breuvery au point de le faire re-
noncer à ses goûts artistiques. En effet,
en 1855, les travaux de restauration de
l'église de St-Germain se complétaient
par la décoration intérieure du monument ; et M. de Breuvery suivait attenti-
vement ces travaux, communiquait ses
impressions à M. Amaury-Duval, chargé
d'exécuter les peintures à fresque ; et,
lorsque ces peintures furent terminées,
il publia dans un journal de la localité
une série d'articles, dont les ingénieuses
et savantes critiques, aussi bien que
l'élégance du style, ont été fort appréciées par les plus compétents d'entre les
maîtres.

Cette même année, M. de Breuvery

sembla se multiplier ; car, nous le voyons désigner comme rapporteur de la troisième sous - commission à l'Exposition universelle de 1855, section des machines hydrauliques.

Pour la quatrième fois , le titre et les fonctions de maire de la ville de St-Germain-en-Laye lui furent conférés le 14 février 1856.

En 1857, M. de Lesseps publiait les résultats de ses études sur le canal qui a illustré son nom. Le percement de l'isthme de Suez ne pouvait manquer d'intéresser l'auteur du Mémoire sur le commerce extérieur de la France, et le hardi explorateur du Nil, M. de Breuvery, non content de défendre, avec l'éloquence que donne la conviction, les projets de M. de Lesseps, dans une suite d'articles publiés à cette époque, rédigea pour le Conseil général de Seine-et-Oise, avec une rare précision de détails persuasifs, un remarquable rapport qui rallia à ses idées la majorité de ses collégues. Deux membres de l'Institut, M. Barthélemy-Saint-Hilaire et M. Jomard, lui adressèrent des félicitations à ce sujet, et M. de Lesseps, son ami, auquel une certaine affinité de nature et une instinctive sympathie l'unissaient depuis longtemps, vint lui-même à St-Germain pour lui en exprimer sa vive gratitude. C'étaient deux hommes faits pour se comprendre : même largeur d'idées, même résolution, même énergie pour l'exécution de leurs projets bien arrêtés. En voici la preuve :

Depuis longtemps, la ville de St-Germain-en-Laye cherchait à remédier à l'insuffisance d'eau potable. Déjà, divers projets avaient été étudiés, et parmi ceux qui semblaient réaliser les meilleures conditions figuraient l'établissement d'une *pompe à feu* et la réparation des aqueducs, qui amenaient autrefois dans la ville des eaux de sources ou d'étangs tirées des localités voisines.

Là encore les aptitudes de M. de Breuvery furent grandement mises à profit; il avait d'ailleurs étudié la question avec sa pénétrante sagacité; il en résulta pour lui la conviction que, sans recourir à la construction d'une *pompe à feu,* on pourrait utiliser, pour l'approvisionnement de la ville, les eaux des sources de Retz, en les déversant dans les anciens aqueducs convenablement réparés.

Le 13 septembre 1857, M. de Breuvery, que ni les doutes, ni les dénégations des adversaires de son projet n'avaient pu arrêter, assistait, au milieu de la population de St-Germain, à l'inauguration des nouvelles sources de Retz réunies au service des eaux de la ville.

Le lendemain de cette inauguration solennelle, un comité se forma spontanément pour organiser une souscription publique afin d'offrir, au nom de la ville, à M. de Breuvery un témoignage de reconnaissance pour le signalé service qu'il venait de lui rendre.

Le 14 mars 1858, les membres du comité, le conseil municipal et la plupart des notabilités de St-Germain offraient à M. de Breuvery une COUPE CISELÉE portant les inscriptions suivantes :

1° « *Les nouvelles sources de Retz, découvertes par M. de Breuvery, sont réunies au service des eaux.* — 13 septembre 1857.

2° « A Monsieur de Breuvery. — *Hommage et reconnaissance des habitants de Saint-Germain* (1). »

Une décision spéciale du comité de

(1) Le sujet principal figuré sur cette coupe représente la *Science* offrant les nouvelles sources de Retz à la ville de St-Germain ; deux figurines d'enfants composant le corps du balustre représentent deux génies, celui de la *Géographie* et celui de l'*Archéologie;* le premier tient une *carte de la Nubie,* et le second un livre intitulé : *Égypte et Nubie.*

Entre les deux génies, deux cartouches portent en or, l'un : les armes de la ville de St-Germain : *d'azur à un berceau semé de fleurs de lis d'or, accompagné au second point en chef d'une fleur de lis d'or et en pointe de la date du 5 septembre 1638 de même ;* et l'autre, celles de la famille Saguez de Breuvery : *d'azur à un chevron d'or accompagné de 3 cors de chasse d'argent, virolés et liés d'or, et posés 2 et 1.*

souscription avait stipulé que la matière
de l'objet d'art à offrir à M. de Breuvery
— « serait en aluminium, » — attention
délicate à l'égard de M. de Breuvery, qui
s'était particulièrement intéressé à la découverte et aux divers modes d'extrac-
tion de ce nouveau métal, dus en grande
partie à un enfant de Saint-Germain,
M. Paul Morin (1).

Les remarquables travaux de M. de
Breuvery et ses services multiples le rendaient digne d'une haute récompense qui
lui eût été certainement décernée plus tôt,
s'il eût été donné à ses concitoyens d'in-
fluer sur les décisions du Gouvernement.

(1) M. Paul Morin s'était engagé à faire don du
métal nécessaire à la confection de cette coupe et
avait proposé le concours d'un des artistes les plus
distingués pour sa décoration.

Le décret impérial, qui conférait à M. de Breuvery le grade de chevalier de la Légion d'Honneur, lui fut enfin notifié le 23 août 1858. Le lendemain, d'éclatantes manifestations ratifièrent cet acte de justice, trop longtemps attendu : la population entière de la ville, ayant en tête toutes les autorités civiles et militaires et les diverses sociétés, bannières déployées, affluaient vers la demeure de M. de Breuvery, qui dut être encore plus flatté de cette ovation que de la distinction tardive qui en était la cause.

De leur côté, les habitants de la commune d'Achères voulurent témoigner leur reconnaissance à celui qui avait dirigé les travaux de la digue, qui préserve leurs moissons, et ils lui offrirent à leur tour, en 1860, une coupe d'honneur, digne pendant de l'objet d'art donné par la ville de St-Germain, à l'occasion de la découverte des sources de Retz ; et, de plus, chaque année, la commune entière d'Achères se rend processionnellement, le 23 septembre, à la Croix de la Digue pour honorer la mémoire de son bienfaiteur.

L'établissement, en 1864, du musée Gallo-Romain dans le château de St-Germain, fut pour M. de Breuvery l'occasion de signaler la variété de ses connaissances dans le domaine de l'archéologie et de l'ethnologie; il contribua à enrichir ces précieuses collections, qui forment aujourd'hui le livre de l'humanité préhistorique que la science moderne essaie de déchiffrer. — M. de Breuvery avait exhumé, des cavernes de la vallée de la Vézère (Périgord), de nombreux débris d'antiquités appartenant à l'âge de la pierre polie : armes de guerre et de chasse, instruments et outils en silex, ossements de mammifères, etc.; en un mot, une collection vraiment à signaler qu'il plaça lui-même au musée Gallo-Romain. Ajoutons que le classement de ces débris du passé a été fait avec une entente et un goût, qui lui ont valu les félicitations des savants les plus compétents. Non-seulement M. de Breuvery fouillait avec intelligence le sol des cavernes préhistoriques, mais il s'intéressait à toutes les découvertes de ce genre qui s'opéraient sur divers points de la France. Ces découvertes lui fournissaient des sujets d'études, et, en plusieurs occasions, il adressa aux Sociétés savantes, dont il faisait partie, des communications aussi remarquables par la clarté de son style que par l'étendue et la solidité de son érudition.

Ses fils ont retrouvé dans ses papiers le manuscrit presque achevé d'une savante étude sur les premières habitations de l'homme dans les diverses contrées, à propos des fouilles opérées dans les grottes de Pasly, près Soissons.

Il serait fort à désirer que ce manuscrit fut publié au grand profit de la science Ethnologigue.

Pour la cinquième fois, en septembre 1865, M. de Breuvery fut appelé à remplir les fonctions de maire de la ville de St-Germain-en-Laye. Ce fait indique assez en quelle estime était tenu cet intelligent administrateur qui avait su, en toutes circonstances, se concilier la sympathie et la reconnaissance de ses concitoyens. Cette reconnaissance devait d'ailleurs bientôt s'accroître par un nouveau bienfait dont M. de Breuvery allait gratifier généreusement la ville de St-Germain.

Parmi les nombreux amis qu'il s'était faits, l'un d'entre eux, M. le marquis d'Ourches, avait, à plusieurs reprises, manifesté le vif désir de lui léguer sa fortune; par délicatesse, M. de Breuvery ne crut pas devoir accepter ce legs, si spontané qu'il fût, et cette généreuse discrétion faillit lui coûter le sacrifice de cette fraternelle amitié, car ce refus amena entre les deux amis une rupture momentanée, rupture qui ne cessa que quand M. de Breuvery fut parvenu à persuader à son ami de léguer sa fortune au nouvel hôpital de St-Germain. Grâce aux instances désintéressées de M. de Breuvery, une somme de plus de 400,000 fr. vint enrichir cet établissement de bienfaisance.

Le conseil municipal, voulant perpétuer le souvenir du généreux donateur et, en même temps, le noble désintéressement de son premier magistrat, décida, par une délibération en date du 13 février 1869, approuvée par décret du 3 avril suivant, que les noms de *Rue d'Ourches* et de *Rue de Breuvery* seraient donnés à deux rues de la ville.

La même année, la Commission administrative de l'Hospice vota l'exécution d'un médaillon en bronze de M. de Breuvery pour être placé dans la grande salle de ses délibérations, afin d'éterniser la mémoire de ce bienfaiteur des pauvres.

Sa charité privée n'était ni moins généreuse ni mois efficace. Il donnait et donnait toujours, et c'est bien de lui que l'on peut dire que sa main droite ignorait le bien que faisait sa main gauche, celle du cœur. Non content de soulager la misère qui mendie, il recherchait la misère qui se cache. Combien de pauvres fonctionnaires n'a-t-il pas aidés à l'insu de sa famille, qui n'a appris que plus tard les avances de cautionnements dont elle reçoit encore les intérêts. Il avait l'art de savoir donner à propos et avec une bonne grâce qui doublait la valeur de son bienfait.

Tant de soins et de labeurs avaient, depuis plusieurs années déjà, profondément altéré la santé de M. de Breuvery; il songeait à se démettre de ses fonctions de maire, pour jouir enfin de ces quelques années de repos, que l'homme sage doit se réserver pour se recueillir et se préparer à bien achever une vie remplie de bonnes œuvres ; mais, au milieu des terribles événements de 1870-1871, son patriotisme et son honneur ne lui permettaient pas de quitter son poste avant d'en avoir été relevé. Le 15 septembre 1870, M. de Breuvery et le conseil municipal de St-Germain remirent les affaires de la ville entre les mains d'une commission qui venait d'être nommée par le Gouvernement de la Défense nationale ; mais nous devons ajouter que M. de Breuvery, tout en déposant les pouvoirs qu'il tenait du Gouvernement tombé, tint à continuer, pour le bien de ses concitoyens, le concours que ses capacités et sa longue expérience rendaient précieux pour les nouveaux administrateurs de la ville, menacée par l'ennemi.

Quoique plus modeste, son rôle pendant l'occupation de la ville de St-Germain par l'armée allemande, ne fut pas moins actif, alors que son âge et sa santé chancelante lui eussent permis d'assister, à l'écart, au dénouement terrible de cette catastrophe nationale. M. de Breuvery voulut partager les angoisses et les tribulations de ses concitoyens, en ne désertant pas la ville de St-Germain. Quelques mois plus tard, en 1871, cédant à leurs instances pour la dernière fois, il consentit encore à reprendre les fonctions de conseiller municipal et celles de conseiller général que les électeurs du canton de St-Germain lui conférèrent, sans qu'il les eût sollicitées.

Mais ses forces faiblissaient : le vieil athlète était épuisé; tant de luttes, tant de travaux l'avaient usé, sa santé déclinait, et les malheurs de la France qu'il aimait, comme ses ancêtres, d'un cœur si dévoué, l'attristaient profondément, et il secouait la tête avec ce découragement que donne au bon citoyen le sentiment de son impuissance. Il ne fallait rien moins que le deuil de la Patrie pour abattre une âme si vaillante et si bien trempée. En vain ses amis se pressaient-ils autour de lui avec les membres de sa chère famille, pour raviver cette ardeur qu'il sentait s'éteindre en lui chaque jour. Le mal était sans remède : l'âge et les tristesses rendirent inutiles tous les soins qui lui étaient prodigués, et le 27 juillet 1876, M. JULES XAVIER SAGUEZ DE BREUVERY s'éteignait au milieu des siens, qui trouvaient cette mort prématurée, tant elle faisait de vide dans cette famille unie, qui devait pourtant avoir une sorte de consolation, en voyant combien leur chef aimé était regretté de

ses amis, honoré et vénéré de tous ses
concitoyens qui se regardaient tous, à
titres divers, comme ses obligés.

Ses obsèques furent un deuil public.
Toute la population de St-Germain-en-
Laye, les autorités civiles et militaires en
tête, tenait à rendre un dernier hommage
de sympathie, de respect et de reconnaissance à l'ancien magistrat, cinq fois
maire de la ville, qui avait su conquérir
l'estime générale dans les circonstances
les plus critiques, où il lui fallut mon-
trer autant de résolution que de pru-
dence pour conjurer de déplorables
malentendus.

Chacun, en suivant le convoi de M. de
Breuvery, rappelait tous les services rendus au pays, comme voyageur, comme
écrivain, comme artiste, comme savant,
mais surtout comme administrateur et

organisateur ; tous s'accordaient à lui rendre, à quelque opinion qu'ils appartinssent, le seul hommage qu'il ait jamais ambitionné, en disant d'une voix unanime :

« M. de Breuvery a été un homme utile. »

Ce mot dit tout, car il comprend et résume tout.

Et l'on rappelait cette belle parole de lui :

« *Nul n'a le droit de se reposer tant* « *que son travail peut être utile aux* « *autres.* »

En effet, l'homme utile est l'exemple et le modèle de toutes les vertus du grand citoyen et de l'homme de bien : patriotisme éclairé, délicatesse exquise de sentiments, désintéressement absolu, abnégation complète de soi-même, charité inépuisable, amour de la famille et de la patrie.

Tel était le juste hommage dont on honorait la mémoire de celui qui s'était constamment dévoué au bien de son pays.

C'est l'hommage de vénération que lui rendront ses fils et ses petits-fils en se transmettant ces coupes d'honneur, ces médailles et ces croix qui sont le plus précieux héritage des familles qui s'honorent d'avoir de tels ancêtres ; c'est l'hommage de reconnaissance que répéteront nos descendants, en voyant ces colonnes où est inscrit le nom du directeur du syndicat de la digue d'Achères et des nouvelles sources de Retz ; nom vénéré qu'apprendra à la postérité la dénomination de la rue de Breuvery ; nom que béniront les malades de l'hospice en saluant le buste de leur généreux donateur, nom enfin pour lequel prieront les fidèles assemblés dans cette belle église restaurée et ornée par les soins de l'ancien maire de St-Germain-en-Laye.

Caen. — Imp. F. Le Blanc-Hardel.